HEYNE <

Das Buch:
Die Geschichte einer wunderbaren Freundschaft zweier Einzelgänger. Als der Elch Olaf noch sein übergroßes Geweih hatte, machte ihn das zum Gespött im Wald. Als jedoch eine Schaufel abbricht, ist er noch nicht einmal mehr als Weihnachtselch zu gebrauchen - bis er den einäugigen Weihnachtsmann trifft und die beiden zu einem unschlagbaren Gespann werden.

»Volker Kriegel hat eine wunderbare Weihnachtsgeschichte erfunden... Zu empfehlen für jeden, dem die modernen Elchtests schon immer viel zu simpel vorkamen.«
FAZ

Der Autor:
Volker Kriegel wurde am Heiligen Abend des Jahres 1943 in Darmstadt geboren; studierte Soziologie, machte jedoch die Musik zu seinem ersten Beruf; lebt als bekannter Jazzgitarrist, Komponist, Kritiker, Erzähler, Übersetzer und Zeichner in Wiesbaden.

Neben seinen Buchpublikationen, veröffentlicht er seine Illustrationen und Texte regelmäßig im Literaturmagazin *Der Rabe.*

Olaf, der Elch

Eine Weihnachtsgeschichte
von
VOLKER KRIEGEL

WILHELM HEYNE VERLAG
MÜNCHEN

(Dieser Titel erschien bereits als Diana Taschenbuch mit der ISBN-Nr. 3-453-19017-3.)

6. Auflage

Taschenbucherstausgabe 10/2001

Printed in Germany 2008
Umschlagillustration: Volker Kriegel
Umschlaggestaltung: Hauptmann und Kompanie
Werbeagentur, München-Zürich
Druck und Bindung: RMO-Druck, München

ISBN: 978-3-453-40106-8
http://www.heyne.de

Eigentlich war Olaf ein ganz normaler Elch. Er ging gerne im Wald spazieren, fraß am liebsten Pilze mit Heidelbeeren und erschreckte in seiner Freizeit die Autofahrer. Sein Leben hätte genauso ruhig und friedlich verlaufen können wie das der anderen Elche. Hätte. Das sagt sich so dahin. In Wirklichkeit war Olaf nämlich keineswegs ein ganz normaler Elch, im Gegenteil.

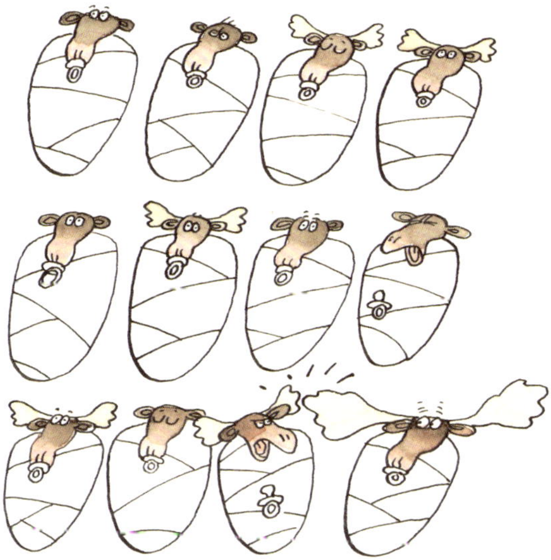

Von Anfang an hatte es Schwierigkeiten gegeben. Olaf war mit einem auffallend großen Geweih auf die Welt gekommen. Niemals zuvor hatte man unter Elchen ein Kleinkind mit solch riesigen Schaufeln gesehen.

Olaf wuchs als Waisenkind bei seiner Tante auf. Seine Mutter war bei seiner Geburt gestorben, und seinen Vater hatte er nie zu Gesicht bekommen.

Mit seinem großen Geweih eckte Olaf schon als Kind ständig irgendwo an.

Die anderen jungen Elche machten sich gerne einen Spaß daraus, Olaf zu ärgern.

Oft kam Olaf mit tierischen Kopfschmerzen nach Hause.

Olaf wurde zum Einzelgänger. Er streifte stundenlang allein durch den Wald, wobei er stets darauf achtete, die großen Geweihschaufeln längs zur Laufrichtung zu halten. Das sah etwas komisch aus, aber so stieß er nirgends an.

Manchmal ging Olaf zur Landstraße und erschreckte die Autofahrer.

Am liebsten aber paddelte Olaf auf dem großen, stillen See.

Eines Tages geschah ein Unglück.

Olaf war auf dem Nachhauseweg durch den Wald, als ihm zwei Bären entgegenkamen. Olaf hatte zwar keine Angst vor Bären, denn mit seinen Schaufeln konnte er im Notfall gewaltige Ohrfeigen austeilen. Die Bären wußten das ganz genau, und auf freiem Feld hätten sie sich niemals getraut, Olaf anzupöbeln. Jetzt aber, zwischen den Bäumen, war alles ganz anders. Die Bären waren ziemlich betrunken. Und Olaf war blind vor Wut.

OLAF ARSCHLOCH OLAF ARSCHLOCH –
KOMM HER, DU FEIGLING!

SCHNELL WEG,
ER WIRD SAUER
KRACH!
SPLITTER

Nun hatte Olaf nur noch eine Schaufel am Kopf.

Das machte ihn endgültig zum Außenseiter.

Olaf war allerdings nicht der Typ, der sich von Schicksalsschlägen dieser Art entmutigen ließ. Im Gegenteil: Er fand schon bald heraus, was man mit der abgebrochenen Schaufel alles machen konnte.

Und es kam auch der Tag, an dem Olaf zwei bestimmten Bären mit Hilfe der abgebrochenen Schaufel eine unvergeßliche Lektion erteilte.

Was jedoch die berufliche Zukunft betraf, so hatte Olaf ganz schlechte Karten.

Elche verdienen ihr Geld normalerweise im Weihnachtsgeschäft. Man läßt sich vor einen Schlitten spannen, man stellt sich vor ein Kaufhaus, man läßt sich fotographieren, man läuft als Touristenattraktion durch Wintersportgebiete, man erschreckt irgendwelche Autofahrer fürs Fernsehen – was auch immer. Auf jeden Fall gehört zu all diesen Aufgaben ein intaktes Geweih. Jeder glaubwürdige Elch muß rechts und links am Kopf eine Schaufel tragen. Das ist Voraussetzung. Sonst braucht man gar nicht erst anzutreten.

Wieder mal war Olaf aus alter Gewohnheit zur Landstraße gelaufen, in der Hoffnung, einen doofen Autofahrer erschrecken zu können. Kaum hatte Olaf hinter einem Baum Deckung genommen, da hörte er auch schon ein deutliches Motorengeräusch. Es klang allerdings nicht so richtig nach einem modernen Auto, sondern eher nach einer altersschwachen Dampfmaschine. Als das Geräusch ganz nahe gekommen war, sprang Olaf aus der Deckung hervor, streckte die abgebrochene Schaufel wie eine Kelle quer über die Straße und rief mit amtlicher Stimme: »Haaalt! Verkehrskontrolle!«

Normalerweise verreißt jeder Autofahrer in diesem Moment voller Panik das Lenkrad, schert jäh aus der Bahn und landet im Straßengraben. Jeder, der schon einmal mit dem Auto im Norden Europas unterwegs war, kennt diese peinliche Situation: man schiebt fluchend den Wagen aus dem Graben, während am Straßenrand ein feixender Elch (meistens sind es sogar mehrere) mit dem Finger auf einen zeigt und sich gar nicht mehr einkriegt vor Schadenfreude.

Diesmal jedoch war alles ganz anders.

Olaf erblickte einen altmodischen Lastwagen, der keuchend zum Stehen kam. Vorne auf dem Bock saß ein Weihnachtsmann in voller Montur. Er klatschte in die Hände, sprang hinter dem Lenkrad hervor und kam auf Olaf zu.

»Was für ein Glück!« rief der Weihnachtsmann, und erst jetzt bemerkte Olaf, daß der rot Uniformierte über dem linken Auge eine schwarze Klappe trug. »Was für ein Glück, daß ich Sie hier treffe!« wiederholte der Weihnachtsmann. »Gerade eben, mitten in dieser Einöde, verreckt mir die alte Mühle! Und ausgerechnet in diesem Moment kommen Sie mir zur Hilfe!«

»Reiner Zufall«, sagte Olaf etwas verlegen.

»Ach Quatsch,« rief der Weihnachtsmann, »das ist kein Zufall, das ist ein Wunder! Ein echtes Wunder!«

Olaf half dem Weihnachtsmann, den Lastwagen wieder in Gang zu kriegen. Man kam ins Gespräch, man unterhielt sich über dies und das, und am Ende eines langen Tages landeten die beiden schließlich vor der Hütte des Weihnachtsmannes.

»Ja, dann will ich mich wieder auf die Socken machen«, sagte Olaf.

»Das kommt nicht in Frage«, sagte der Weihnachtsmann. »Sie sind heute mein Gast. Hinterm Haus habe ich eine gemütliche Scheune zum Übernachten. Aber vorher trinken wir noch einen schönen Aquavit!«

Es wurde ein langer Abend, genauer gesagt: eine lange Nacht. Als der neue Tag heraufdämmerte, hatte Olaf nicht nur einen Freund gefunden, sondern auch einen Job. »Hör zu, Olaf«, hatte der Weihnachtsmann gegen Morgen gerufen, »ich hab keine Lust mehr, die ganze Arbeit alleine zu machen. Ich brauche einen Partner. Du und ich, wir sind jetzt ein Team! Du blickst durch, und ich sage, wo's langgeht. Oder umgekehrt.«

Olaf bezog die Scheune hinter der Hütte des Weihnachtsmanns.

Nach dem gemeinsamen Frühstück spielten die beiden Freunde meistens ein bißchen Federball. Der Weihnachtsmann hatte gegen Olaf allerdings nicht die geringste Chance.

In den langen Ferienmonaten vor Beginn der Weihnachtssaison blieb viel Zeit für schöne Ausflüge und interessante Unternehmungen.

Abends in der Hütte spielten die beiden gerne noch eine Runde Mau-Mau. Dabei hatte Olaf gegen den Weihnachtsmann allerdings nicht die geringste Chance.

Am ersten Dezember waren die Ferien zu Ende. Nun galt es, die Weihnachtsvorbereitungen in Angriff zu nehmen. Täglich trafen Briefe mit Bestellungen ein. Auch das Fax-Gerät spuckte von früh bis spät lange Wunschlisten aus.

Olaf und der Weihnachtsmann hatten alle Hände voll zu tun, um die Aufträge zu sichten und zu sortieren. Hersteller und Fabrikanten mußten angerufen werden, Preise und Sonderangebote wollten verglichen sein. Die meisten Kinder wünschten sich ganz normale Spielsachen, manche auch ein Fahrrad oder einen Computer. Schwieriger zu bearbeiten waren die vielen Wünsche nach Haustieren. Hunde und Katzen ließen sich problemlos besorgen, wenn es aber um Papageien, Schlangen oder seltene Spinnen ging, mußten die beiden Freunde manchmal tagelang nach einem Lieferanten suchen, notfalls sogar im Internet.

Und dann gab es noch die unmöglichen Wünsche. Sie wurden in einem besonderen Ordner abgeheftet. Unglaublich, was Olaf und der Weihnachtsmann da manchmal lesen mußten. Ein Robert wünschte sich z.B. einen Roboter, der die Hausaufgaben erledigt. Ein Florian wünschte sich einen Flugzeugträger. Eine Louisa wünschte sich einen lebendigen Dinosaurier. Undsoweiter. – Der Ordner mit den unmöglichen Wünschen wurde immer dicker.

DEZEMBER
1
2
3
4
5
6
7
8
9
10
11
12
15
16
17
18
19
24
25
26

Schon vor Tagesanbruch hieß es aufstehen und Schnee schippen. Dann eine Tasse Kaffee, und ab ins Büro. An manchen Abenden waren Olaf und der Weihnachtsmann so erledigt, daß sie noch nicht einmal eine Runde Mau-Mau spielen konnten.

Eines Morgens machte Olaf eine böse Entdeckung. *Seine Schaufel war weg!* – Er hatte sie am Abend zuvor außen an die Hütte gelehnt, gleich rechts neben der Tür. *Und nun war die Schaufel verschwunden!* – Olaf durchsuchte fieberhaft das ganze Haus und die Scheune. Er suchte im Geräteschuppen und in der Garage. Dann fing er wieder von vorne an, und es dauerte eine ganze Weile, bis er es schließlich begriff: *Die Schaufel war weg.* –

Irgend jemand mußte sie nachts gestohlen haben. Vielleicht die Bären, vielleicht irgendwelche Touristen oder Souvenirjäger. Wer auch immer. Die Schaufel war jedenfalls weg. Und Olaf war traurig.

Er ging in seine Scheune, schloß die Tür, legte sich ins Bett und drehte sich zur Wand.

Weihnachten rückte immer näher. Im Büro häuften sich die Bestellungen, der Briefkasten quoll über, und es wurde höchste Zeit, in die Stadt zu fahren und die abschließenden Besorgungen zu erledigen.

Olaf lag stumm im Bett und rührte sich nicht. Der Weihnachtsmann versuchte seinen Freund zu trösten, so gut er nur konnte. Er brachte ihm Kakao, eingemachte Heidelbeeren und getrocknete Pilze ans Bett, er sprach auf ihn ein, er flehte, er schimpfte, er bettelte – umsonst. Olaf wollte nichts essen. Und er wollte nicht aufstehen.

Einen Tag vor Heiligabend fuhr der Weihnachtsmann schweren Herzens allein in die Stadt. Zuvor hatte er Olaf ein schönes Frühstück in die Scheune gebracht, hatte ihm noch einmal das Kopfkissen aufgeschüttelt und gute Besserung gewünscht. Mehr konnte er im Moment nicht tun.

Die Stadt war kaum wiederzuerkennen. In den Straßen herrschte ein Gewimmel, Gewusel und Gerempel wie in einem Ameisenhaufen. Hektisch und nervös schoben sich die Leute durch die Fußgängerzone und drängten in die überfüllten Kaufhäuser. Die Autofahrer hupten und fluchten, ständig kam es zu Auffahrunfällen und Streitereien. Und das alles wegen Weihnachten. – Irgendwas ist da schiefgelaufen, dachte der Weihnachtsmann.

Er fuhr zur Post, zum Zollamt und zu den Lagerhallen. Hunderte von Päckchen, Paketen, Säcken und Kisten mußten abgeholt und aufgeladen werden. Noch nie waren dem Weihnachtsmann die Postbeamten, die Zöllner und die Lagerarbeiter so mürrisch und unfreundlich vorgekommen.

Auch der schlimmste Tag geht einmal zu Ende. Es kam der Moment, in dem der Weihnachtsmann die allerletzte Bestellung abhakte. »Geschafft«, sagte er laut und klappte das Auftragsbuch zu. Hoffentlich kann Olaf morgen bei der großen Bescherungstour mitfahren, dachte er.

Der Weihnachtsmann stand im Feierabendverkehr und überlegte, warum die Ampeln an diesem Tag so endlos lang Rot zeigten. Da fiel sein Blick zufällig in das Schaufenster eines Trödelladens. »Nein«, sagte der Weihnachtsmann, »das darf doch nicht wahr sein!«

Er ließ den Lastwagen mitten auf der Straße stehen und eilte in das Geschäft.

»Sie wünschen?« sagte der Mann hinter der Theke.

Draußen hupten mehrere Autos wild durcheinander.

»Was kostet die Geweihschaufel im Fenster?« fragte der Weihnachtsmann.

»Hundert Kronen.«

»Ich nehme sie für fünfzig«, sagte der Weihnachtsmann.

Das Hupen wurde lauter.

»Achtzig.«

»Hören Sie mal, das ist schließlich nur ein halbes Geweih!« sagte der Weihnachtsmann mit erhobener Stimme, um den Lärm der Hupen zu übertönen.

»Siebzig«, sagte der Händler. »Das ist mein letztes Wort. Aber ich komme Ihnen entgegen. Ich gebe Ihnen dieses Glasauge dazu.«

Der Weihnachtsmann legte siebzig Kronen auf den Tisch, griff nach dem Glasauge und Olafs Geweih und verließ wortlos den Laden.

Die Ampel wechselte gerade wieder von Grün auf Rot. Der Weihnachtsmann ignorierte das wilde Gehupe und fuhr los.

Es war schon dunkel, als der Weihnachtsmann nach Hause kam. Sofort lief er in die Scheune.

Olaf lag im Bett.

»Halli hallo!« sagte der Weihnachtsmann. »Wie geht's? – Schau mal, ich hab dir was mitgebracht.«

Olaf wendete müde den Kopf.

»Wie siehst du denn aus?« fragte er.

Dann erst bemerkte er, was der Weihnachtsmann in den Händen hielt.

»Nein«, flüsterte Olaf, »das darf doch nicht wahr sein!«

Olaf sprang wie elektrisiert aus dem Bett und umarmte den Weihnachtsmann so heftig, daß der ein bißchen Angst um sein neues Glasauge bekam. »Das ist das schönste Weihnachtsgeschenk aller Zeiten«, rief Olaf. Dann holten sie die beste Flasche Rotwein aus dem Keller und kochten ein leckeres Pilzragout. Anschließend gab es Heidelbeerkompott.

Am Heiligen Abend, kurz vor Einbruch der Dämmerung, starteten Olaf und der Weihnachtsmann zur großen Bescherungstour.

»Ich freu mich schon jetzt drauf, wenn der ganze Rummel vorbei ist«, sagte der Weihnachtsmann. »Dann können wir endlich mal wieder ausschlafen.«

»Und wenn wir dann ausgeschlafen haben«, sagte Olaf, »dann können wir ja vielleicht mal Eishockey spielen. Wie findest du das?«